だいわ文庫

ユダヤ人大富豪の
勇気をくれる言葉

本田 健

大和書房

本作品は小社より刊行された文庫『ユダヤ人大富豪の教え』『ユダヤ人大富豪の教えⅡ』『ユダヤ人大富豪の教えⅢ』から172の言葉を抜粋し、加筆のうえ再編集したものです。

目 次

Lesson 1

人生について

自分の人生で起こることに自己責任をもつ。

あなたの人生のすべては、あなたの思考、感情、行動によって決まる。

ユダヤ人大富豪の教え・27ページ

多くの若者は、
自分が誰かをわからないまま、
自分以外の何者かになろうとして、
混乱したまま人生を生きている。

ユダヤ人大富豪の教え・68ページ

自分が誰かわからなければ、どれだけ社会的に成功しても、幸せにはなれない。「自分は誰か」を思い出そう。

自分がどのようになりたいのか、
どこに行きたいのかを
はっきりさせなければ、
人生の迷子になるだけだ。

ユダヤ人大富豪の教え・187ページ

多くの人は自分の人生の方向性が定まっていない。だから、海を漂うくらげのような生き方をしている。あなたは、どこに行きたいのだろう？

真剣に人生を変えようと決めるまでは、
何も変わらない。

ひとたび決めると、人生は静かに、でも確実に動き出す。あなたは、何を決める？

ユダヤ人大富豪の教え・65ページ

ほとんどの人間が、
鍵のかかっていない牢獄《ろうごく》に住んでいる。
それに気づかずに、
自分の人生を自由に
幸せにしてくれる鍵を求めて、
一生懸命仕事をしたり、
金儲けに血眼《ちまなこ》になっているのだ。

幸せになりたければ、
わざわざそんな遠回りをしなくても、
そう決めるだけでいいんだよ。

ユダヤ人大富豪の教えⅡ・36ページ

君はいままでのように、
ずっとその環境で怯《おび》えながら
過ごすこともできる。
あるいは、
これまでの過去に決別して、
まったく違った生き方を
選択することもできる。

ユダヤ人大富豪の教えⅢ・147ページ

たいていの人は、人生で変化を起こすのが怖いものだ。だから、できるだけ現状の生活にしがみつく。それが、自分の幸せにつながらないとわかっていても。

多くの人の最大の問題は、
理想の状態をイメージしないことなんだ。
君がやらなければならない最初のことは、
自分の望む人生をイメージすることだ。

ユダヤ人大富豪の教え・214ページ

多くの人はこの作業をしないから、
いつまでたっても人生が変わらないまま、不平不満をこぼしながら生きている。

幸せに成功したければ、
自分らしい人生を
生きることに集中して、
お金のことや成功することを
忘れるのが大切なんだよ。

ユダヤ人大富豪の教え・30ページ

パワーが欲しくて成功を追い求めると、パワーゲームにはまってしまう。人の尊敬を得ようとすると、人から注目をあびたいという無間地獄に落ちることになる。

するると、どれだけ社会的に成功しても、君は決して幸せにはなれない。

世の中で成功している人間と
そうでない人間の違いを
よく観察していると、
成功に学歴、家柄、才能、運が
まったく関係ないのがわかる。
物事の本質を見抜く目をもつこと、
それこそが
幸せに成功するための大切な要素なのだ。

成功する人間は、
ものがその存在のありのままに見える。
しかし、普通の人は違ったものを見る。
偏見や恐れ、ゆがんだ価値観、倫理観から
ものを見るので、
何も見ていないのと同じだ。

ユダヤ人大富豪の教え・34ページ

人生は、
「考えること」と「行動すること」の
二つでできている。
いままで考えてきたことと、
思考の結果行動してきたことの
集大成が君だ。

ユダヤ人大富豪の教え・93ページ

素晴らしい人生を生きたければ、頭に幸せの元になるような考え方を入れることを心がけなければいけない。

頭に入ったものが、あなたの思考をつくり、思考が人生を形づくるのだから。

人生の結果はその人の本来の意図を表す。

君の考えが人生で現実のものとなる。もし、願望を達成させたければ、自分の思いをチェックすること。

ユダヤ人大富豪の教え・95ページ

君は、何を怖れているのかね？
この世界は、自分が選択したように見えるものだ。

自分の中の怖れ、不安、偏見や思い込みをすべてクリアにしなければならない。

ユダヤ人大富豪の教えⅢ・144ページ

ほとんどの人間は、
自分の現在の経済状態や人間関係、
仕事を含めた人生は、
ある意味で運命だと思っている。

しかし、それが、
家族関係を根元としてできただけだと知ったら、
どうなると思う？
自分を解放することができるんだよ。

ユダヤ人大富豪の教えⅡ・１１２ページ

両親とのドラマが
君の人生に多大な影響を及ぼしている。

ユダヤ人大富豪の教えⅡ・126ページ

人は、自分の両親に小さい頃から多大な影響を受けている。そして、知らないうちに、それを自分の性格の一部にしてしまっている。

その中で、今の自分にふさわしいもの、そうでないものを見極めて整理しないと、知らないうちに親と同じようになるか、あるいは、全く正反対の人生を生きることになる。

自分が生まれてきた目的を知りなさい。

ユダヤ人大富豪の教えⅡ・237ページ

人生の目的に繋がるとき、内なる無限のエネルギーと交流することができるようになる。君の中に眠る豊かさと幸せの源泉につながればいいのだ。

人生のヴィジョンは、小さい頃から感じていた問題点、怒り、悲しみ、喜び、夢に隠されている。

ユダヤ人大富豪の教えⅢ・276ページ

ふだんぼんやり感じたり、考えることを無視しないでほしい。それは、君の無意識からのメッセージなのだから。

一個人が世界に貢献できることは、
ただ一つ、
その人が生まれてきた使命に気づき、
それを生きることだけだ。

ユダヤ人大富豪の教え・77ページ

あなたは、自分の幸せにしか責任がない。自分が生まれてきた意味を考えよう。それが、あなたの使命に繋がっていくだろう。

ライフワークとは、
人生の質を表現する方法。

ユダヤ人大富豪の教え・81ページ

あなたが生まれもっている人間としての喜びと愛を、どんな仕事を通じて表現したいか。すべては、あなたの仕事と他人への愛の表現だということに気づいてほしい。

信じる心は、
幸せな人生の基礎をつくる。

ユダヤ人大富豪の教えⅡ・142ページ

信じるというのは、人を信じること、自分を信じること、パートナーや友人を信じること、未来を信じること。自分で選ぶ最大限の幸せな人生を生きられるということへの信頼でもある。

人生を信頼できる者にだけ、幸せは訪れる。

人生を信頼するとは、「素晴らしい未来が待っている」と感じること。楽しい、素晴らしい未来をイメージしよう。

ユダヤ人大富豪の教え・109ページ

Lesson 2

仕事について

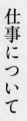

君は、毎日心から充足できるようなことをしているだろうか？

ユダヤ人大富豪の教えⅢ・198ページ

人生は、朝起きて、寝るまでに起きることの連続。毎日が楽しくなければ、なんのために生きているのだろう。ワクワクするようなことを少しずつはじめよう。

普通の人は、
お金を得るために忙しくなったり、
ストレスまみれになってしまう。
お金という自由を得るために、
不自由な人生を送るという
パラドックスに陥ってしまう。

結局、そういう人間は、
豊かにも、自由にもなれないものだ。

ユダヤ人大富豪の教えⅡ・55ページ

好きなことをやって生きていきたいと感じても、
生活があるから、無理だと思いこんでしまう。
それは、いくらあれば、
最低限の生活ができるのかを知らないためなのだ。
君はいくらあれば生活できるか知っているかい？

ユダヤ人大富豪の教えⅡ・78ページ

生活のために本当に好きなことをあきらめるほど、寂しいことはない。

人生は自分の大好きなことをやって生きるためにある。自分のやりたくないことをやる時間はない。

自分自身を動機づけること。
他人を動機づけること。
この二つができれば、
君は人より一〇倍早く成功できるだろう。

ユダヤ人大富豪の教え・122ページ

感情のない人間が成功することは難しい。その人間の内にふつふつとした情熱の炎がないとダメだ。

どんなことにも全力でぶつかりなさい。そうすれば、きっとそれを見ていてくれる人がいる。

好奇心があってこそ、
未知なるものにワクワクし、探検できる。
内なる情熱を燃やすことができれば、
何をやっても成功できる。

ユダヤ人大富豪の教えⅡ・141ページ

自分で燃えられるものがあれば、それは周りにも燃え移るだろう。そうやって広がっていく炎が、多くの人を巻き込んでいく。

君が世の中に対して与えたサービスの量と質が、
そのまま君の受け取る報酬に等しくなる。

ユダヤ人大富豪の教え・39ページ

あなたが、社会に差し出したものが、
受け取るもの。自分のベストを尽くす
ことが、最高の報酬を生み出す。

世の中は、
経済価値や喜びを与えた人間が
豊かになるようになっている。

ユダヤ人大富豪の教え・60ページ

与えたものが受け取るもの。あなたの受け取りたいもの。多くを与えたものが、多くを受け取れる。

いまやっていることが何であれ、
それを愛することだ。
目の前にあることを愛し、
それに全力投球できれば、
あとは、導かれるように
次々におもしろい出会いや
チャンスに出くわす。

ユダヤ人大富豪の教え・81ページ

いま目の前にある状況から逃避してばかりでは、せっかくのチャンスも目の前を通り過ぎていってしまう。チャンスが来たら、とにかくつかもう。

独立を希望している多くの若者は、
つまらない仕事をやらされているから
独立したいという。
しかし、
そういう人間は、たいてい失敗する。

ユダヤ人大富豪の教えⅡ・177ページ

世の中につまらない仕事などない。
また、つまらない人間もいない。ただ、
仕事とつまらないかかわり方をする人
間がいるだけだ。

どんな職業を選んでも、すべては、
君の仕事と他人への愛の表現だということに
気づいてもらいたい。

「人生探しの永遠の旅人」は、このことを理解していない。

ユダヤ人大富豪の教え・82ページ

自分の身の回りにおくもの、触れるもの、人も含めてベストなものを求める。

ユダヤ人大富豪の教えII・179ページ

毎日、自分のベストを尽くしているかどうかを一流の人間は気にする。周りがどう思うかは関係ない。

多くの人は、
人生で、自分の器をわきまえずに、
過大なリスクを冒し、
危険きわまりない航海に出る。
あるいは、難破を恐れて、
港を一生出ないようにする。

ユダヤ人大富豪の教えⅡ・136ページ

自分の器以下の生活をしようとすると、毎日がとても窮屈なものになるだろうし、器以上の生活をすると、人生のバランスを崩してしまう。

どちらも、その人の人生の最善にはなっていない。

己を知ることがいちばん重要なのだ。

ビジネスに必要なのは、
ずっと長続きする情熱だ。
パッと燃え尽きてしまう情熱ではなく、
静かにいつまでも続く情熱。

ユダヤ人大富豪の教えⅢ・245ページ

自分が楽しいと思えること、心からワクワクすることをやらなければ、深いところから充足することはできないようになっている。

だからこそ、自分らしさの自己表現としてビジネスをやれるかどうかが、成功の鍵になってくる。

夢をもっている程度だと、
人は、ほとんど行動しない。
しかし、それが目標になったとき、
具体的な行動として表れる。

ユダヤ人大富豪の教えⅢ・181ページ

普通の人は、何かやろうと思ったら、そのすぐあとに、それが本当にできるかどうか考えはじめる。

成功する人は、何かやりたいと思ったら、どうやったらできるかにひたすら集中して結果を出しつづける。

夢を実現する人は、
何がなくても気にしないで、スタートする。

たいていの人は「どうせ自分はできない」と考えて、自分で自分を門前払いにしてしまう。

ユダヤ人大富豪の教えⅢ・201ページ

目標を設定するときに、
人は大きな間違いを犯す。
自分がすべきだと思うことを
目標にする。

ユダヤ人大富豪の教え・190ページ

人間はすべきことをやれるほど、意志が強くできていない。それを考えただけでワクワクするような目標でなければ、うまくいかない。

いつまでにやるのかが決まっていなければ、
人はなかなかスタートしない。
自分のやりたいことは期限がなければ、
いつまでたっても、それは実現しないだろう。

ユダヤ人大富豪の教え・191ページ

下りのエスカレーターを一気に駆け上がるように、情熱をもって行動することが大切だ。

本気で駆け上がろう。

幸せに成功している人は、何かをやるとき、
それを自分がやりたいことかどうかで、
判断するのだよ。
好きなことや自分が楽しめることをやれば、
その分成功する可能性もぐんと高くなる。

ユダヤ人大富豪の教えⅡ・181ページ

普通の人にとっては、やりたくないと思っても、そういう選択肢はないかもしれない。そのときは逆に、それは与えられた仕事として、百パーセントの力を注ぐことだ。それを楽しもうと決めて、とことんやり遂げてしまうことだ。

実業家として成功したいなら、
三つの要素が絶対にいる。

何かをやろうと決めたら、
その目標に向かって、戦略を立てること。
そして、それを実行すること。
それがうまくいくかどうかについて
悩んで時間をつぶさずに、
それをやり遂げる情熱だ。

ユダヤ人大富豪の教え・22ページ

現時点の人生を変えるためにできそうな、
あらゆる方法を考えてみることだよ。
クリエイティブになって、
突拍子もないアイデアでも何でも
ノートに書いてみなさい。

ユダヤ人大富豪の教えⅡ・175ページ

アイデアが十分にたまったら、そのアイデアを組み合わせて、行動リストをつくってみよう。

リストを情熱的にこなしていくと、君の人生に奇跡が起こるだろう。

どんな実業家も、
人に応援してもらうことなしに、
成功することはできない。
人に信頼されること、
応援されること、
この二つを上手にできたら、
君は何をやっても成功できる。

ユダヤ人大富豪の教え・23ページ

人に応援されるためには、まず自分が応援すること。自分がどれだけの応援を受け取れるかは、これまで誰かを応援してきた量に比例する。

人は「得意なこと」と「大好きなこと」を混同してしまう。

自分が特別な存在になって、周りに認められることをやろうとするのは、不幸への特急切符をもらったようなものだ。社会的に認められても、喜べない自分に気づくだろう。

ユダヤ人大富豪の教え・72ページ

人は、
自分の好きなことをしている人間を
応援したくなるものだ。

ユダヤ人大富豪の教え・42ページ

花が好きな店の主人は、自分の大好きな花で、お客さんをどのように喜ばせようかと考える。一方、利益ばかり考えている花屋は、その逆をやる。
どちらの花屋で花を買いたいだろう。

うまくいくビジネスには、
必ず、感動、感謝、癒《いや》しという要素がある。

心のエネルギーが満タンになると、
お客、スタッフ、取引先を巻き込んで、
ビジネスは成長していく。

ユダヤ人大富豪の教えⅡ・194ページ

いかにたくさん儲けるかではなく、
いかにきれいに儲けるかを考えなさい。

「ぜひお金を受け取ってください」と、人に懇願されるような人生を生きることだ。

ユダヤ人大富豪の教えII・145ページ

身の程を知らずに拡大しつづけると、
やがて破綻するときがくる。
自分自身と向き合い、
いまの現状に足るを知ることだ。

ユダヤ人大富豪の教え・54ページ

自分の得意なことをしてきた人はたいていこの罠にはまってしまう。

自分の好きなことをやってきた人は、適正規模でやるほうが自分らしく、好きなことに打ち込めることを知っている。

自分の力をつけなければ、
やはり君に分不相応なものは、
君の手からこぼれていく。

ユダヤ人大富豪の教えⅢ・179ページ

人生の報酬は、いつも前払いでやってくる。たまたまラッキーでうまくいったのに、それが自分の実力だと勘違いする人がいる。もっと努力しなければ、と思う人だけが、成功し続けられるのだ。

Lesson 3

お金について

お金から解放されると
心から決めた人間だけが、
自由になれる。

ユダヤ人大富豪の教えII・34ページ

お金から自分を自由にしてやるだけでいいのだ。
「自由になる価値が自分にはある」と思う人間は、それを宣言するだけでいい。

お金とのつき合い方には二つしかない。
お金の主人になるか、
奴隷になるかの二種類だ。

ユダヤ人大富豪の教え・145ページ

お金は、人を幸せにも、不幸にもする。その人の人間性が、そのままお金に反映され、人生を左右する。

お金は、
君の人生を幸せにしてくれる
大切な友人と考えてみてごらん。

ユダヤ人大富豪の教えⅡ・１４４ページ

お金を心から楽しめるようになると、
よりお金を引きつける力をもつように
なる。

普通の人は、
お金を基準にして物事を考えている。
それが悪いとは言わないが、
無意識のうちに
価値判断や行動基準になっている。

ユダヤ人大富豪の教えⅡ・44ページ

人はたいてい、ものを買うときには、お買い得かどうかでしか考えない。それがその値段に見合ったものかどうかしか判断基準がない。買うものが自分にふさわしい、あるいは好きかどうかは、最初に来ない。

自分の大好きなものだけを買おう。

多くの人は、
金を求めて、さまよい歩き、
金のためには何でもするようになる。

でも、皮肉なことだが、
結果的には、
一時的に手に入れた金を失い、
心の平安、幸せ、
ときには健康まで失ってしまう。

ユダヤ人大富豪の教え・32ページ

安心というのは、
お金では得られないということを
知る必要がある。

ユダヤ人大富豪の教えⅡ・56ページ

いくらあれば安心できるということはあり得ない。将来どうなるかわからないという不安に襲われたら、いくら大金を現在もっていても、何の役にも立たないからだ。

多くの人間は、
川の水を自分のバケツにたくさん入れることが
人生だと勘違いしている。

お金は、あなたの人生に入ってきては、出ていく。その流れを楽しめるか、苦しむかで、人生は全然違うものになってしまう。

ユダヤ人大富豪の教えⅡ・52ページ

人生への不安が、
彼らにお金がもっと欲しいと思わせてしまう。

一生お金に困らないはずの億万長者がお金に執着するのも、この不安から逃れられないからだ。

ユダヤ人大富豪の教えII・79ページ

社会的尊敬や力、愛情、友情を
成功やお金に求めた人間は、
不幸になってしまう。

なぜなら、成功に行き着いたとき、
そこに心の平安や幸せがないのに気づくからだ。

ユダヤ人大富豪の教え・33ページ

お金の問題に見えるほとんどのものは、
実は感情の問題なんだよ。
お金に対する感情が解けていないために
多くの悲劇、喜劇が生まれている。

ユダヤ人大富豪の教えⅡ・77ページ

自分が、お金に対してどのような感情をもっているのかを理解することなしに、お金と平安につきあうことはできない。

お金と健康的に付き合おう。

お金に自分の価値を見いだす人間は、
持っているお金を
できるだけ減らさないように
細心の注意をする。
お金が減れば、
自分の価値も減ることになるので、
一喜一憂する。

ユダヤ人大富豪の教えⅡ・56ページ

自分に自信がない人間ほど、パワーを得たがるものだ。しかし、お金やパワーというのは、おもしろいもので、得れば得るほど、もっと欲しくなる。

まるで、遭難した筏の上で、海水を一口飲んでしまうようなものだ。

愛情、友情、歓心を得るために
お金を求める人は多いだろう。
しかし、
それではますます人生を
複雑にしてしまうだけだ。

お金をかけることで一時的に、
愛情や友情を得られたとしよう。
しかし、お金や持ち物、
車がなくなってしまったら、
もうおしまいだと思えば、
それを失う恐れとともに
暮らさなければならなくなる。

ユダヤ人大富豪の教えⅡ・80ページ

お金があれば、自由になれると
思っている人はたくさんいる。
しかし、
たくさんお金があったからといっても、
必ずしも自由を得ることはできない。

真の自由を得たいなら、
まず内面に自由をつくり出さなければいけない。

お金があれば、ある程度の自由を買うことはできる。しかし、いくらお金があっても、内面に恐れがあっては、自由になることはできないのだ。

ユダヤ人大富豪の教えⅡ・81ページ

お金に対して語るその人の価値判断で、
ふだん何を考え、どのように行動するのか、
そして将来までもわかってしまう。

ユダヤ人大富豪の教えⅡ・46ページ

お金に何を見るのかで、人生の種類や質は、まったく違ったものになってしまう。
お金の奴隷になるのではなく、お金と親友になろう。

君がお金は何だと思うのか、検証してみなさい。
「お金とは……」という文章をつくって、
どんな価値観があるのかを見ていくのだ。
深く探っていくと、
自分のお金観がより正確につかめてくる。

ユダヤ人大富豪の教えⅡ・53ページ

お金＝〇〇だという観念が、その人の人生をつくっている。

自分のお金観を見て、それがもう自分の人生にふさわしくないと思ったら、その観念を変えてみよう。

お金が女の子だとしたら、どんな子かね？

その人のお金とのつきあい方は、男女関係とほぼ同じであることが多い。

ユダヤ人大富豪の教えII・49ページ

お金を感謝で受け取り、払える人は、幸せだ。

普通の人ほど、お金をもらうことへの感謝が足りない。その代わりに、いつももらえる金額は少ないと言って、不満をもっている。

ユダヤ人大富豪の教えⅡ・59ページ

私は、自分のところから出ていくお金を
愛と感謝でスタートさせたい。
それがまわりまわって、
また私のところに帰ってくる。

ユダヤ人大富豪の教え・152ページ

あなたは、自分が発した波動でお金を受け取っている。

怒りやイライラのお金か、それとも、ワクワクしたお金の流れか。どちらをつくりたいだろう？

人をだましたり、
人から奪ったりしてお金を儲ける人間は、
大きな負債を背負い込んでいるのを忘れている。

ユダヤ人大富豪の教えⅡ・227ページ

お金には、思いが乗っている。人の幸せを願う祈りもある。また、恨みや悲しみがお金についてくることもある。あなたが受け取るお金には、どういう思いが乗っているだろう?

大半の人間は、
人生の決断をするとき、お金に影響されている。
それが、自分の幸せに直接つながることでも、
お金を言い訳に行動するのをあきらめてしまう。

ユダヤ人大富豪の教え・165ページ

あなたが、ほんとうにやりたいことをしよう。あなたが将来後悔のないような決断をしよう。

あなたの人生は、誰のものでもない、自分のものだから。

お金の奴隷になるのではなく、
お金に人生を導いてもらいなさい。

ユダヤ人大富豪の教えⅡ・225ページ

お金があることで、人は、自分の中に欠乏意識があるのを知ることができる。自分の欠乏意識に向き合い、それを乗り越えて分かち合おうとするかどうかも試される。

お金と向き合い、自分と向き合い、才能を開花させよう。

富を引き寄せるためには、
気を充実させておかなければならない。
エネルギッシュな人間でないと、
富はやってこないのだ。

ユダヤ人大富豪の教えⅡ・138ページ

そのためには、自分の得意なこと、
好きなことをやって、自分のエネルギー
レベルを高めておくことだ。

お金が寄ってくる人になりなさい。

ユダヤ人大富豪の教えⅡ・１３８ページ

お金を引きつけるような魅力的な人間にさえなれれば、お金は向こうからやってくるのだ。

お金を引きつけるためには、
その人が磁石のようにならなければならない。

ユダヤ人大富豪の教えⅢ・240ページ

お金は、人に利益を与えたり、ワクワクさせるエネルギーに引き寄せられる。

自分発で、人を熱狂させることだ。そのためには、情熱一〇〇%で生きなければならない。それぐらいでないと、お金、人、チャンスを引きつける磁力は生まれない。

君は幸せと感謝でお金を使うとき、
すべての人を祝福することになる。
君が、怒りと憎しみで
お金を稼いだり、使っていると、
君につながる人すべてにも、
影響を与えることになる。
その結果として、
自分が与えたものが返ってくるのだよ。

ユダヤ人大富豪の教えⅡ・235ページ

君が使うお金で、人をイライラさせることもできるし、感動させたり、癒したりすることもできる。相手に癒しや深い感動が起きるようなかたちで、お金を使いなさい。

今日から毎日
あたかもお金持ちになったかのような
気分で生活しなさい。
これをやると
君の潜在意識には間違いなく
強烈なメッセージになる。

ユダヤ人大富豪の教え・221ページ

あなたは、お金がいっぱいある未来と、お金に恵まれない未来のどちらにつながりたいだろうか。

もし、幸せで豊かな未来につながりたければ、今からそういう気分になってみよう。

欲しいものが出てきたら、一週間待ちなさい。
それでも欲しいものは、もう一週間待ちなさい。
それでも欲しければ、そこで買ったらいい。

ユダヤ人大富豪の教え・157ページ

お金を使うときには、そのお金で何を得ようとしているのか、よく見極めることだ。そのお金を稼ぐのにかけた労力に見合うだけの対価を得られるかどうか、じっくり考えなさい。

ツキのあるものとつきあうと、
それは伝染する。

ユダヤ人大富豪の教えⅡ・234ページ

運のいい人間、金回りのいい人間の周りをうろうろするだけで、金運がめぐってきたりする。

「ツキだけ良くなりたい」と願う者は、
どんどんツキのない現実を引き寄せてしまう。

ツキのいい人間とは「自分はツキがいい」と信じていて、「ツキがよくなりたい」とは考えていない。

ユダヤ人大富豪の教え・239ページ

お金の流れを止める一番の力は、心配だ。

ユダヤ人大富豪の教えⅡ・229ページ

心配の本質は、いつか、悪いことが自分の身の上に起こると予期することだ。ある意味で、悪いことが起こることを確信していて、それに準備していると言えよう。

「信頼する」ことを人生の中心に置きなさい。

お金の潮の流れを読むのに、
高等な経済学はいらない。
常識と自分の直感を頼りなさい。
細かい流れに意識を奪われてはいけない。

ユダヤ人大富豪の教え・87ページ

少なくとも五年、一〇年の流れで、
ものを見る。長い目で、物事を捉えつつ、
目の前の流れも見逃してはいけない。

Lesson 4

時間について

君の一時間の労働力は、生命エネルギーだと言えよう。

ユダヤ人大富豪の教えⅡ・226ページ

人生の一日とお金を交換していることは、すなわち、自分の命を切り売りしていることにほかならない。自分の一時間は、自分の命だということを思い出そう。無駄にしてはいけない。

イヤな仕事をすることは、
進んで自分から牢屋に入るのと同じことだ。

多くの人が、人生のほとんどをそれに費やしている。本質的には自分に懲役刑を下しているのだ。

ユダヤ人大富豪の教え・74ページ

物事がわからない人間は
「無限に時間がある」と考え、
大切な時間を浪費してしまう。

幸せに成功する人間は
「自分の時間には限りがある」と考え、
自分にできる最大のこと、
つまりは自分の大好きなことをやって、
才能を周りと分かち合う。

ユダヤ人大富豪の教え・198ページ

人は、いつでも何とかなると思っている。
それで、ぬるま湯から出るチャンスを逸した、
ゆでガエルのようになってしまうのだ。

ユダヤ人大富豪の教えⅡ・172ページ

なんとかなると思ってたいして何もしない人は、つまらない未来を引き寄せる。一方で、ワクワクしながら今を一生懸命生きている人は、最高の未来を引き寄せる。

夢を追いかけるのを忘れて、
安定した人生を選んだ人間は、
言ってみれば「退屈な人生を生きる終身刑」を
自らに科しているのに等しい。

ユダヤ人大富豪の教え・68ページ

あなたの前には二つの道がある。ワクワクする道と、退屈な道。どちらがいいか、考えてみよう。あなたは、そのどの道も選ぶことができる。

いまいる場所をいつ離れてもいいような
心のフットワークの軽さは
いつももっていなさい。

ユダヤ人大富豪の教え・86ページ

ピンときたら、すぐ行動。やってする後悔よりも、やらなかった後悔のほうが、苦しい。

普通の人は、
働いている時間が退屈なので、
その時間が早く過ぎないかだけを考えている。
「人からもらえるもの」にしか興味がないのだ。
だから、金持ちになれない。

事業で成功している人たちは、
その仕事を辞めるのが難しいくらい、
自分の仕事を愛している。
自分のやっていることにワクワクして、
今度は何ができるだろうかと考えている。
彼らは、その時間を心から楽しんでいるんだよ。

ユダヤ人大富豪の教え・40ページ

世の中には、二通りの人間しかいない。
自由な人と不自由な人だ。

自由人は、経済的、社会的、精神的に独立して、
誰からの援助も指図も受けない。
その人個人が考えるとおりに人生を生きている。
不自由人は、経済的、社会的、精神的に誰かに依存している。
だから、自分は誰なのか、
自分が何をやりたいのかも知らない。

ユダヤ人大富豪の教え・43ページ

自由人の人生には、
「しなくてはならないこと」が
とても少ない。
一方、不自由人の人生には、
「やらなければならないこと」だらけ
といってもいいぐらいだ。

ユダヤ人大富豪の教え・63ページ

自由人は、朝目を覚ますと、爽快な気分でこう考える。

「ああ、素晴らしい日だな！　今日はどんな楽しいことをしよう？」

一方、不自由人は、朝目を覚ますと、こうつぶやく。

「ああ、今日も会社か、あと五分だけ寝ていよう」

収入の多さと自由人であるかどうかは関係がない。

自由人の定義は、仕事をしなくても生活していける人。お金のことを考えなくても生きられるような人生を生きよう。そのためには、お金のことをよく学び、お金から自由になること。

ユダヤ人大富豪の教え・55ページ

不自由人は、自分で自らを不自由にしている。

ユダヤ人大富豪の教え・64ページ

自分が誰かなんて考える余裕がない。仕事をいかにこなすかしか頭にない。夜や週末の時間を平日の仕事の憂さ晴らしに使ってしまっている。人生を見つめなおして、再構築するなんていうことに頭がまわらない。

ほとんどの人は、
自分の時間をいかに効率よく使うかにしか
意識を向けない。
細切れの時間をどう使うかしか考えない。

それでは忙しいのは少しも変わらず、
かえって大きなものを取り逃がしてしまう。
時間を有効に使うには、
もっと大きい視点からものを見なくてはいけない。

ユダヤ人大富豪の教えⅡ・183ページ

人生で最も時間を効率よく使いたければ、
自分のいちばん得意で好きなこと以外は、
ほかの人にやってもらうことだ。

ユダヤ人大富豪の教えII・183ページ

優秀な人ほど、すべてのことを自分でやりたがる。しかし、人間は二四時間しか与えられていない。その限られた時間内で、何をするのかがその人の人生を決めると言っていいだろう。

大多数の人間は、
いまいるところで頑張れば
道は開けると考えてしまう。
そこで、無駄な戦いをやって、
ボロボロになって力つきてしまう。

会社員でいるという期間は
できるだけ短いほうがいい。
自分の学びたいスキルを学ぶ
学校ぐらいの気持ちで行ったらいいだろう。
それぐらい軽い気持ちで行かないと、
企業社会の洗脳の犠牲者になってしまう。

ユダヤ人大富豪の教え・47ページ

「自分が何を感じているか、考えているのか」に意識を集中させなさい。

高等教育を受けた人間ほど、何が有利か、損か得かしか考えない。すぐに計算が働いてしまうので、自分の本当の欲求に気づかない。

ユダヤ人大富豪の教え・100ページ

自分が魂を打ち込める何かを見つけること。それに最大限のエネルギーをそそぐべきだ。

心から大好きなことを熱中してやれば、たいていの場合、気がついたら成功している。人はエネルギッシュに生きている人物に魅了され、心から応援したいと思うものだ。

ユダヤ人大富豪の教え・70ページ

いま君には、
君の中に眠っている資産がたくさんある。
ただ君はそれに気づいていないし、
その才能の開花のさせ方を知らないだけだ。

ユダヤ人大富豪の教え・215ページ

才能とは不思議なもので、分かち合わないと、その存在にすら気がつかないものだ。自分の心を開き、愛を汲み出そう。きっと、君の人生に大きな変化をもたらすだろう。

幸せな金持ちは、
心が白紙の状態で生きている。
あるがままを見て、
言葉どおりを聞いて、
感じるままに生きている。

一方、ほとんどの人間は
自分の見たいものを見て、
聞きたいものを聞き、
自分らしく生きているつもりで、
他人の望む人生を生きている。

ユダヤ人大富豪の教え・31ページ

周りの望むことを
上手にこなす人生を生きてきたなら、
自分が何者かわからなくなるのも当然だ。

あなたは、人を喜ばせるために生まれてきた。その〝人〟の中に、まず自分を入れよう。自分自身を幸せにしてから、他の人を幸せにすることを考えよう。

ユダヤ人大富豪の教え・71ページ

自分のハートの声を、人生の羅針盤にするのだ。

日常の雑事で一杯になり、静かな声がかき消されている。そういうときは、心を静かにして、ハートの声に耳を傾けるときだ。

ユダヤ人大富豪の教え・82ページ

よく決断は先延ばしにしようと言う人がいる。
でも、その人はよく見ると
大きな決断を知らずにやっている。
それは、「いまは決断しないでおこう」という決断だ。
これが、人生でも最も大きい落とし穴の一つだ。

ユダヤ人大富豪の教え・223ページ

決断を先延ばしにしてしまう人は、人生を無駄に過ごすと決めていることを知らない。
何かを決めるときは直感を使って二秒で決めよう。

人生の未完了のことは、エネルギー漏れを起こす。

やっておけばよかったと思うことは、
すべて完了させておくことが肝心だ。

ユダヤ人大富豪の教えⅡ・233ページ

普通の人は、間違った決断を恐れ、何も決めない。
成功する人は、間違うリスクを冒すことが、
いちばんリスクが少ないと知っている。

普通の人は、決断の結果で出てくるかもしれない一時的にイヤな感じから逃れるために、一生を失敗の中で過ごしてしまう。

ユダヤ人大富豪の教え・225ページ

時間は未来から現在に向かっても流れている。

望む現実が向こうから流れてきたときに、それをさっとすくうように選べばいい。

ユダヤ人大富豪の教えⅢ・187ページ

信じられないような素晴らしいものが
人生でやってきたとき、
「受け取ること、受け取ること、
受け取ること」と三回言いなさい。

ユダヤ人大富豪の教えⅡ・71ページ

やれるかどうかわからないとき、チャンスの神様は、あなたの度胸を試す。

未来は、
頑張ってつくり出すものだという
観念をもっている。
しかし、それがまさしく人生を苦しく、
つまらないものにしている。

ユダヤ人大富豪の教えⅢ・187ページ

自分の中で未来と過去にかけるエネルギーのバランスをうまく取りながら、現在に集中すること、ただそれだけでいい。そうすると過去でもない、未来でもない、ただこの瞬間に生きることができるようになる。

夢に向かって頑張ろうというときに、
ひとつ気をつけてもらいたいことがある。
それは、君自身の夢なのかどうか。

ユダヤ人大富豪の教えⅢ・183ページ

たいていの夢は、もともと両親だったり、祖父母のものであることが多い。また、社会的に望ましいという理由で、その仕事を選んだり、夢を追いかける人もいる。しかし、動機が他人のためであれば、遠からず、エネルギー切れを起こすだろう。

「自分が好きなこと」は、
静かで、落ち着いたものなのだよ。
周りの人間が評価してくれなくても、
それをやるだけで楽しくてしょうがない、
時間を忘れてしまう、そんなことだ。

ユダヤ人大富豪の教え・73ページ

賞賛がなくても、お金がもらえなくても、やっているだけで楽しくなってしまうこと、それが「好きなこと」だ。

心がワクワクすること、楽しくてしかたないことを毎日やろう。

自分を幸せにすることを忘れていては、
人を幸せにすることはできない。

ユダヤ人大富豪の教えⅢ・267ページ

好きなことをやっていれば、その人は幸せになる。幸せな人は周りを幸せにするパワーをもつ。

心からワクワクすることをやって、情熱一〇〇パーセントで生きるのだ。

子どもにしてやれる最大の贈り物は、
自分が好きなことをやって生活する姿を見せること。

自分の才能を自由に社会と分かち合い、豊かな人生を生きる姿は、子どもにとっての最高のプレゼントになる。

ユダヤ人大富豪の教え・76ページ

Lesson 5

人間関係について

人間関係は、
人生最大の喜びにも、
最大の苦しみにもなる。

ユダヤ人大富豪の教え・２０４ページ

人は生まれたときから、その人がもつ人間関係によって、人生とはこういうものだと決める。

そして、それがその通りになる。

人とつき合うことでいちばん大切なことは、
君が接するすべての人に
豊かさと幸せがもたらされることを願うことだ。

ユダヤ人大富豪の教え・138ページ

「この人と出会えて自分はなんて幸せなんだろう。この人のもとにたくさんの幸せとたくさんの豊かさが雪崩のようにやってきますように」と、祈りながら人に微笑みかける。

そして、最後にその人と別れるときにも同じことを願う。

これが、人間関係でいちばん大切なこと。

心から与えようと思った人間は、
与えられるようにできている。

ユダヤ人大富豪の教え・82ページ

自分と向き合い、才能を開発させ、自分のすべてを分かち合おうと努力する人に、心の平安と、富、友情、人生の充実感がもたらされる。

自分を愛し、人を愛せる人は、
多くの人から愛される。

ユダヤ人大富豪の教えⅡ・141ページ

接する人の誰をも愛し、自分の仕事を愛する人間は、何をやっても成功してしまうものだ。

無条件で与えあうというのが、
愛情の本質だ。

ユダヤ人大富豪の教えⅡ・58ページ

そこに、期待や義務が入ってくると、それは愛ではない。愛を担保にした要求になるのだ。この要求が入り込めば、愛情は憎しみに、あっという間に早変わりする。

無条件に、自分を差し出すのだ。
百パーセント自分を分かち合ったとき、
君は、驚くべき報酬を手にするだろう。

感謝、喜び、
そして経済的、人的豊かさだ。
そのように生きるとき、
君はすべてを手にすることになるのだよ。

ユダヤ人大富豪の教えⅡ・２３９ページ

多くの成功者は、関係するすべての人に
「あなたがいたから、いまの自分があるんだ」
ということを感じてもらえるように努力をしている。

ユダヤ人大富豪の教え・196ページ

成功とは多くの人に支えられて初めて実現できる状態のこと。

周りの人すべてに支えられて、いまの自分があるというふうに感謝をして毎日を過ごす人間と、「これは俺がやったから、これくらいの成功は当然だ」と傲慢に開き直る人間とでは、将来にどれだけ差が出てくるだろうか。

相手にとってメリットになること、
自分にとってメリットになること、
そして
第三者にとってもメリットになることを考えながら
すべての行動を決めなさい。

ユダヤ人大富豪の教え・１４０ページ

人と話をしたりビジネスをするときには、君自身と相手と第三者の考え方を同時に感じながら事を進めることだ。

関係者全員がハッピーになるようにいつも考えよう。

どういうときにでも、誠実に接する。

ユダヤ人大富豪の教え・204ページ

自分らしくいられること、人の話をしっかり聞くこと、相手を大切に扱うこと、そして、自分の本当の気持ちを相手に伝えることができれば、人と良好な関係を保てる。

人間性を見るためには、その人が直接、利害関係のない他人をどう扱うかを見たらすぐわかる。

ユダヤ人大富豪の教え・89ページ

人間的に裏表のある人間は、自分よりも目下の他人にはぞんざいなものの言い方をしたりするものだ。

ふだん話す何気ない言葉が、君の運命をつくっている。

ユダヤ人大富豪の教え・132ページ

人の悪口や否定的なこと、ゴシップ話をすれば、君の将来はそういったネガティブなもので満たされる。

自分の話す言葉に注意しなさい。

ユダヤ人大富豪の教え・132ページ

自分が発する言葉は、人を励ましたり、相手の可能性を広げたりできているだろうか。それとも、人の足を引っ張ったり、自分をおとしめたりしているだろうか。

自分が口を開くときには、
真実のみを話しなさい。
いい加減なことを口走ってはいけない。
本当にその気がないことを言わないことだ。

自分の真実を話さなければ、君の言葉のパワーはなくなってしまう。

ユダヤ人大富豪の教え・131ページ

人がお互いに高め合うためには、
本音で言い合ったりすることも必要。

一時的に険悪な雰囲気になったとしても、その対立が新しいものを生み出したりする。

ユダヤ人大富豪の教えⅢ・91ページ

コミュニケーションには二種類ある。
自分の内面とのコミュニケーションと
自分の外側とのコミュニケーションだ。

自分のことがわからないまま、外側ともしっかりとしたコミュニケーションが取れるはずはない。

ユダヤ人大富豪の教え・99ページ

相手が何を感じているのか理解できなければ、お互いが理解し合うなんて夢のまた夢だ。

多くの人は、自分の内側から出てくる感情に振りまわされないようにするのが精一杯で、相手が何を感じているかにまで行き着かない。

ユダヤ人大富豪の教えⅢ・65ページ

人脈とは、君が無理を言える友人という意味だ。

心の通じ合った仲間がどれだけたくさんいるかで、君の成功のスピードは変わってくる。

ユダヤ人大富豪の教え・141ページ

利害を超えた友情は、
人生でいちばん大切なものの一つだ。

すべてを投げ出しても、大切に思える友人がいたら、君は幸せだ。

ユダヤ人大富豪の教え・143ページ

人間は、接する機会が多ければ多いほど、
その人に好意を持つ。

たくさんの人といい関係を保つためには、あらゆる機会をとらえて、人を喜ばせることだ。

ユダヤ人大富豪の教えⅡ・140ページ

成功したければ、少し格上の人間とつき合いなさい。

人は、同じような仲間でグループをつくりたがる傾向がある。自分と同じような仲間とつき合いたがるのだ。

ユダヤ人大富豪の教え・135ページ

偉い人には、
あたかも彼が偉くないかのように接しなさい。
そして、偉くない人には、
あたかもその人が偉い人のように接しなさい。

ユダヤ人大富豪の教え・142ページ

相手によって態度を変えない君のあり方を見て、彼らは君に感謝し、好意をもつだろう。

真剣勝負で生きている人たちは、
お互いのにおいをかぎ取る。
そして、そこで芽生えた友情は、
長く続いたりするものだ。

ユダヤ人大富豪の教えⅡ・180ページ

たえずベストを求めるようにすると、
ほかの分野のベストなものや人が引き
寄せられてくる。

君には、
全財産を差し出してもかまわないほど、
大切な友人がいるかね？

何を捨ててでも、友情を大切にしたいと考える者は、祝福された人生を送っていると言えるだろう。

ユダヤ人大富豪の教えⅡ・１４２ページ

深い友情に支えられた人生は、
多くの人を幸せにする。

ユダヤ人大富豪の教えⅡ・142ページ

当事者だけでなく、それほど深い友情を見せたり、触れたりした人を感動させるのだ。

豊かさ、愛情、友情がやってくると、
ほとんどの人は、自分の中の無価値感で
それを受け取りきれなくなる。

ユダヤ人大富豪の教え・253ページ

真に成功するということは、あらゆる変化を受けとめるということだ。

助けてもらうことで、実は助けてあげることができる。

ユダヤ人大富豪の教え・196ページ

人は本来誰かを助けたいものだ。だから、誰か人を助けることができたとき、その人は精神的な安らぎと満足感を得る。

もし自分でできたとしても、
できるだけ多くの人を巻き込んで助けてもらうことだ。

決してすべてを一人でやろうという
ふうに思わないように。

ユダヤ人大富豪の教え・197ページ

Lesson 6

感情について

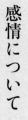

感情は、人間がもつ巨大なエネルギーでもある。
人が望んだ通りの人生を生きられないのは、
この感情のエネルギーの使い方を知らないからだ。

ユダヤ人大富豪の教えⅢ・41ページ

喜び、悲しみ、怒り、憎しみ、恥、すべて力をもっている。でも、ほとんどの人は、この感情というエネルギーがどういう作用を人生にもたらすか教わったこともない。

人間のタイプに、四種類がある。

［ポジティブ自立］
［ネガティブ依存］
［ネガティブ自立］
［ポジティブ依存］

どんな人の中にも、すべてのタイプがある。
そして、相手のあり方によって、
この四種類のタイプのうち、
どの部分が引き出されるかが決まる。

ユダヤ人大富豪の教えⅢ・73ページ

たいていの人は、
恐れに自分の人生をコントロールされている。

怒り、悲しみ、鬱々とした感情、すべては人生を台無しにしてしまう。

ユダヤ人大富豪の教え・97ページ

普通の人は、
見たくない感情に直面することなく、
それから逃げ回るだけの人生を生きている。

ユダヤ人大富豪の教えⅡ・77ページ

自分を知るという少し遠回りに見える作業を怠ったツケは、思ったより大きいものだ。

ネガティブな感情を持っていることを認識しなさい。
そして、それを否定しないことだ。

ユダヤ人大富豪の教えⅡ・232ページ

ネガティブな感情を無視すると、虫歯が増えていくように、知らないうちに、それが人生を侵食していく。

ネガティブな感情と向き合い、必要ならそれを癒すこと。

感情はコントロールしようとすればするほど、
抑圧につながる。
そうすると、
感情はエネルギー源として使えなくなってしまう。

悲しみや苦しみを感じない代わりに、
喜びや幸せも感じられなくなったとしたら、
それに何の意味があるだろうか？

ユダヤ人大富豪の教えⅢ・47ページ

不安を感じることは、
少しも恥ずかしいことではない。

それどころか、
不安を感じているということを
正直に話せる人は、強い人だ。
自分の感情と向き合う強さがあるのだから。

ユダヤ人大富豪の教えⅢ・257ページ

怖れがよく見える眼鏡をかければ、
怖れが見える。
愛の眼鏡をかければ、
愛が見える。

君たちには、
愛の眼鏡から、愛の世界を見てもらいたい。

ユダヤ人大富豪の教えⅢ・266ページ

なにごとにも動じずに、淡々と生きることが、
いちばん大切な心構えなのだ。
外の状況がどういうものであれ、
感謝と平安のみを選択しなさい。
それが現実なのだから。

ユダヤ人大富豪の教え・257ページ

この人生で起こることはすべて中立であって、良いことも悪いこともない。ある出来事はある人にとって素晴らしく良いことであり、ある人にとってはたいへん悪いことでもあり得る。

単に起こる中立の出来事を、どのように解釈して人生に生かしていくかによって、君の人生が決まる。

現在は、過去によってできたものではないし、
未来も、決して過去からの延長ではない。

ユダヤ人大富豪の教えⅢ・190ページ

過去に起きたことは、君たちの中の単なる記憶にすぎない。

そして、未来も、これから起きるイメージであることがわかるだろう。

実在するのは、目の前にある現在だけだ。そして、それ以外は、すべて脳の中のイメージにすぎない。

一度心を決めたなら、
断固たる態度で、事に臨むことだ。
決断した後で、迷っていたら
うまくいくこともうまくいかなくなる。

ユダヤ人大富豪の教え・227ページ

その道を決然として歩いていくと、
障害のほうから退いてくれるだろう。

行動力は、失敗に直面できる勇気。

ユダヤ人大富豪の教え・228ページ

普通の人は、大人になる頃には、間違うことへの異常ともいえる恐怖心をもつようになる。でも、実際の人生では、間違ったり、失敗しなければ何も学べない。

失敗とは、
あきらめてしまったときにのみ起こる現実。

成功していない現実を受け入れたときに、はじめて失敗は生まれる。うまくいかない方法を探しているだけだ、くらいに考えよう。

ユダヤ人大富豪の教え・230ページ

失敗は、
未来に絶望したときと、
過去の体験を無駄だったと
判断したときに確定する。

ユダヤ人大富豪の教え・231ページ

プラス思考の人は、未来にエネルギーを集中しすぎる傾向がある。そして、ネガティブなタイプは、過去ばかりに注意を向け、あのときにこうなっていればということばかり考えて悔やんでいる。

批判は、単にその人が
物事をどう考えているのかという
意見表明にすぎないということだ。
君の価値とはまったく関係がない。

ユダヤ人大富豪の教え・249ページ

君を批判する人を恨むのか、彼らに
心から感謝できるのかで、君の人間の
器が決まる。

何も君を傷つけてはいない。
君さえその許可を与えなければ、
何ものも君を傷つけられない。

ユダヤ人大富豪の教えⅢ・261ページ

君に素晴らしいマントラをあげよう。
「私は、何にも傷つけられることのない、強い存在だ」

過去を受け入れ、
未来をしっかりと見つめ、
現在を真剣に生きるのだ。

ユダヤ人大富豪の教えⅡ・266ページ

Lesson 7

試練について

普通の人は、自分に引き寄せたいものと、
引き寄せたくないものの区別をつけたがる。
しかし、考えてみてほしい。

一時的にはよかったものが、
その後、その人を傷つけることはないだろうか？
その逆に、一時的には悪いと思ったものが、
結果的にすばらしい祝福になることもある。

ユダヤ人大富豪の教えⅢ・176ページ

いちばんの問題は、
自分にはできないと考えていることだ。
「自分は泳げない」と信じている人は、
水深一メートルの川でもおぼれてしまうものだ。

ユダヤ人大富豪の教えⅡ・69ページ

「自分にもできる」と信じる力が大切だ。それがすべての始まりだと言ってもいいだろう。

自分でダウンを認めない限り、
人生のゲームに負けはない。

ユダヤ人大富豪の教え・260ページ

君は必ずたくさん失敗する。でも、要はその失敗からどれだけのことを学んで、カムバックするかだ。

障害の本質は、
その人がどれだけ本気で
夢に向かっているかの
テストみたいなものだ。

ユダヤ人大富豪の教えⅢ・２０３ページ

夢をかなえられる人は、試練がいくつか立てつづけにやってきても、「よし、こっちの方向でいいんだ！」と逆に確信を得て、いままで以上の情熱をもって突き進んでいこうとする。

好きなことをしていると、必ず道は開ける。

ユダヤ人大富豪の教え・77ページ

好きなことをしていると、不思議な出会いを体験し、チャンスが次々とやってくる。その流れに乗っているだけで、人生が導かれているように感じるはずだ。

それがあなたの道ならばきっと開ける。

スタートはできるだけ小さくすることだ。
小さくスタートしていれば、
失敗しても損失は多くない。
また、準備してやり直すことができる。

チャンスは無限にあるのだよ。
そのドアは、
少しの間だけ開いて閉じるということはない。
正しいことをやっていれば、
ドアは自動的に君の目の前に現れ、開いてくれる。

ユダヤ人大富豪の教え・178ページ

自由な心の力を使わずして、
人生の目的にはたどりつけない。
自分が何をやりたいのかを知ることと、
いまやっていることを愛すること。
この二つのバランスがないと、
ライフワークにはたどりつけない。

ユダヤ人大富豪の教え・80ページ

好きなことをやっている人でも、朝から晩まで一〇〇パーセント楽しんで、喜びだけでやっているわけではない。好きなことの中にも、イヤなことがあるだろう。それも含めてやっていることを心から愛することができるかどうかだ。

人生で起きることは、
すべてこれからのライフワークの準備のため。

人生にいっさい偶然はない。そして、
すべては、学びのために起きているのだ。

ユダヤ人大富豪の教えⅢ・290ページ

人生には上り調子と、下り調子がある。

今は、ブレーキを踏むときか、それとも、アクセルを踏むときなのか、それを見極めること。自分の運の状態を肌で感じることができれば、とんでもない大きな失敗をせずにすむ。

ユダヤ人大富豪の教え・87ページ

人生には、ツキの流れがある。
自分のツキがどんな状態か
はっきり知ることが成功には欠かせない。

とんでもない失敗というのは、運気が落ちているのに、失敗を挽回しようとして、勝負に出てしまうときに起きるものだ。

ユダヤ人大富豪の教え・88ページ

直観を信頼しなさい。
頭で考えてもダメなことがたくさんある。

人生やビジネスの実践で大切なのは、
どんなときでも生き抜く動物的勘だ。

ユダヤ人大富豪の教え・90ページ

幸せに成功する人たちは、
今蒔いている種が、
それがいいものであれ、悪いものであれ、
必ず自分の人生に出てくることを知っている。

言い換えれば、今の生活や習慣が、
将来の自分の人生をつくることを体感しているのだ。
だから、長い目で見て、
今の習慣を変えようと努力する。

ユダヤ人大富豪の教えⅡ・182ページ

金持ちになっていく連中は、
自分のパターンを見極め、
それを変革していく努力を日常的にするのだよ。
一方、普通の人は、
親、親戚、近所の人に影響されたまま、
一生を終える。

ユダヤ人大富豪の教えII・103ページ

成功していく人は、セルフフィードバックシステムをもっている。このままいけば自分はどうなるのかを正確にイメージできるのだ。

最高の未来をいつも思い描こう。

自分にふさわしいものしか、
私たちは引き寄せない。

ユダヤ人大富豪の教えⅢ・179ページ

自分の人生に、今のタイミングでやってきたことというのは、なにか必要があってのこと。それをいい悪いで判断せず、ただ楽しめばいい。

自分の思考が何にフォーカスしているのか、
常に意識しなさい。

ユダヤ人大富豪の教え・102ページ

自分が考えていることには、意識を向けなければいけない。自分の望む現実に意識をフォーカスすることだ。

私たちは、
「自分に何がふさわしいのか」を
無意識のうちに決めている。
そのセルフイメージを変えることでしか
人生は変えられない。

ユダヤ人大富豪の教えⅢ・34ページ

セルフイメージの高い人間は、外的状況がどうであれ、すべてを変えていく力をもつ。
最高の自分として行動しよう。

もし、現実が自分の望まないことだらけなら、
その現実を変える努力をする代わりに、
自分のセルフイメージを変えることに
全力を注ぐべきなのだ。

そのために、
いちばん必要なものが何か知っているかい？
勇気なんだよ。
よくわからないものに、
飛び込んでいく勇気があるかどうかが、
試されるのだ！

ユダヤ人大富豪の教えII・38ページ

自分には夢を生きるなんて
できるわけがないと考えるのが、
いちばん悲劇だね。

ユダヤ人大富豪の教えⅢ・201ページ

自分には無理だという人を説得する
ことはできない。最初からあきらめて
いては、不戦敗だ。

君は、決して負債ではない。
君のすばらしさは、
この世界を祝福するものだ。

ユダヤ人大富豪の教えⅢ・175ページ

自分の価値を思い出そう。あなたが
思っているよりも、まわりはあなたの
ことを評価している。

君に必要なのは、
未知のものに思い切り飛び込む勇気だ。

ユダヤ人大富豪の教えⅡ・39ページ

おわりに

本書を最後まで読んでくださって、ありがとうございます。この本は、『ユダヤ人大富豪の教え』の刊行二〇周年企画として出版されました。

あれから二〇年。『ユダヤ人大富豪の教え』シリーズの売り上げは二〇〇万部に達し、多くの読者の人生に大きな影響を与えてきました。この本はタイでもベストセラーになっていて、ビジネスマンだけでなく、若者にもたくさん受けているようです。

人生が変わったのは、読者だけではありません。著者の私も、この二〇年ですごく人生が変わりました。

当時はまだ駆け出しの物書きだった私は、たくさんの読者の方に応援され、ずっと作家としての活動を続けることができました。もともとは、育児セミリタイア時代に趣味で文章を書き始めたのですが、小冊子が本になり、作家としての活動をスタートしました。それが、何百万部も売れるなんて、自分でも信じられないぐらいです。

『ユダヤ人大富豪の教え』は、一六年かかってミリオンセラーになりましたが、ちょうどそのタイミングで、世界的に活躍するイメージが降ってきました。それから、本気で海外の出版に挑戦しようと決め、いろんな人と会い始めました。途中、何度もくじけそうになりながら、二〇一九年にワールドワイドに出版することができました。『happy money』という本は、世界五〇カ国以上、三二言語に翻訳されました。ついに夢が叶ったのです。

この二〇年間、読者の方からたくさんお手紙やメッセージをいただきました。この本を読んで、思い切って「留学した」「独立した」「結婚した」「離婚した」という人が、直接会っただけでも、何千人もいます。シリーズで二〇〇万部も売れたことを考えると、相当数の人たちの人生が変わったと思います。
この本を読んでくださったあなたもそのひとりかもしれません。
本から抽出された言葉をあなたにお届けします。きっと、役に立つと思います。
読んでくださるみなさんに、心から感謝します。

本田健

本田 健（ほんだ・けん）

作家。神戸生まれ。経営コンサルタント、投資家を経て、29歳で育児セミリタイア生活に入る。4年の育児生活の後、執筆活動をスタート。

代表作に『ユダヤ人大富豪の教え』『20代にしておきたい17のこと』など、著書は200冊以上、累計発行部数は世界で800万部を突破している。

2019年には英語での書き下ろしの著作『happy money』を刊行。世界32言語、50ヵ国以上で発売されている。ヨーロッパ、アメリカ、インド、中南米でも、精力的に講演、セミナーを行っている。

インターネットラジオ「本田健の人生相談」は5000万ダウンロードを記録。大好きなことをやっていきたい仲間が集まる「本田健オンラインサロン」、英語の「Arigato living community」も展開中。

だいわ文庫

ユダヤ人《じん》大《だい》富《ふ》豪《ごう》の勇気《ゆうき》をくれる言葉《ことば》

著者 本田《ほんだ》 健《けん》

二〇二三年七月一五日第一刷発行

発行者 佐藤 靖
発行所 大和《だいわ》書房
東京都文京区関口一―三三―四 〒一一二―〇〇一四
電話 〇三―三二〇三―四五一一

フォーマットデザイン 鈴木成一デザイン室
本文デザイン 福田和雄（FUKUDA DESIGN）
本文印刷 厚徳社
カバー印刷 山一印刷
製本 ナショナル製本

ISBN978-4-479-32060-9
乱丁本・落丁本はお取り替えいたします。
https://www.daiwashobo.co.jp